দিকিরণ বেদী

সুপার কপ হয়ে ওঠার কাহিনী

কিরণ দিদিকে আমরা আদর করে 'কিনী দিদি' বলে ডাকতাম। ওর শৈশব বাস্তিক ক্রিয়া-কলাপ, খেলাধুলো আর আমাদের সাথে মৌজ-মস্তি করে কেটেছিল। আমরা নিজেদের পৈত্রিক বাড়ীর কাছে এক বাগানে খেলা করতাম।

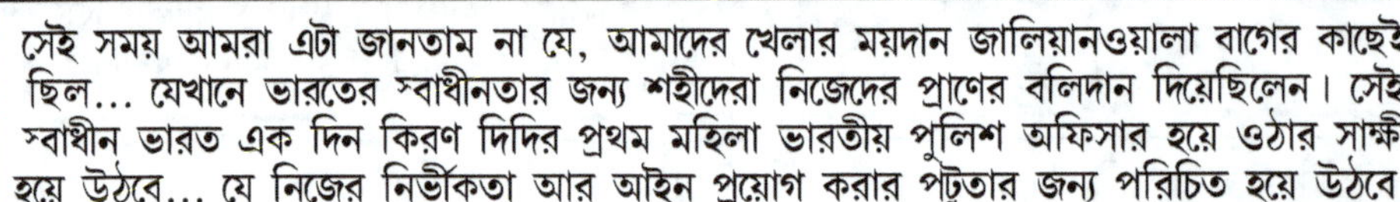

সেই সময় আমরা এটা জানতাম না যে, আমাদের খেলার ময়দান জালিয়ানওয়ালা বাগের কাছেই ছিল... যেখানে ভারতের স্বাধীনতার জন্য শহীদেরা নিজেদের প্রাণের বলিদান দিয়েছিলেন। সেই স্বাধীন ভারত এক দিন কিরণ দিদির প্রথম মহিলা ভারতীয় পুলিশ অফিসার হয়ে ওঠার সাক্ষী হয়ে উঠবে... যে নিজের নির্ভীকতা আর আইন প্রয়োগ করার পটুতার জন্য পরিচিত হয়ে উঠবে।

আমাদের প্র-পিতামহ এক ধনী ব্যবসায়ী ছিলেন... যিনি 1860 সালে পেশোয়ার থেকে অমৃতসর এসেছিলেন। পেশোয়ার তো এখন পাকিস্তানে। পেশোয়ার থেকে আসার কারণেই আমাদের পরিবারকে 'পেশোয়ারিয়া পরিবার' বলা হতে লাগে।
লালা হরগোবিন্দ পেশোয়ারিয়া
মুনিলাল পেশোয়ারিয়া আর প্রীতম কৌর
কিশনদাস অরোড়া আর কৃপাল কৌর
লালা হরগোবিন্দ ধার্মিক প্রবৃত্তির ব্যবসায়ী ছিলেন... যিনি বেশ কিছু সরায়খানা তৈরী করিয়েছিলেন, যেগুলোকে 'পেশোয়ারিয়া ধর্মশালা' বলা হত। সেগুলোয় উত্তর ভারতের বিভিন্ন শহর থেকে আসা তীর্থযাত্রীরা উঠতেন।
আমাদের মাতা-পিতা প্রকাশ লাল আর প্রেমলতা পেশোয়ারিয়া
পেশোয়ারিয়া ধর্মশালা
এই সব সরায়খানার দেখাশোনা এক পেশোয়ারিয়া ট্রাস্ট করে।

আমাদের দাদু, শ্রী মুনিলাল পেশোয়ারিয়া উত্তরাধিকার সূত্রে অমৃতসরের এক প্রভাবশালী ব্যবসায়ী ছিলেন। শহরে ওনার যথেষ্ট ধন-সম্পত্তি ছিল।
SERVICE CLUB AMRITSAR
উনি অমৃতসরের শীর্ষস্থানীয় ক্লাবের সদস্য ছিলেন। উনি ক্লাবে যাওয়ার অনুমতি নিজের চার ছেলের মধ্যে কেবল আমাদের পিতাকেই দিয়েছিলেন।
উনি এটা বোঝেন না যে, আমার তিনজন স্কুলে যাওয়া সন্তান রয়েছে।
প্রকাশ! এই নাও, এই মাসের হাতখরচের টাকা।
আমাদের দাদুর যুক্তি এটা ছিল যে, উনি যা দেন, সেটা যথেষ্ট... কারণ খাওয়া-দাওয়ার আর ক্লাবের বিল উনি আলাদা করে দেন।
শিক্ষিত হওয়া সত্ত্বেও ওনার আচরণ সামন্তবাদী আর সবার ওপরে অধিকার স্হাপন করার মত ছিল। উনি এটা সুনিশ্চিত করতেন যে, এই অল্প হাতখরচের টাকায় আমাদের পিতা ওনার কাছে কাজ করতে থাকবেন।

আমাদের মাতা-পিতা আমাদের পড়াশোনার জন্য সেক্রেড হার্ট কনভেন্ট স্কুলে ভর্তি করানোই ঠিক বলে মনে করলেন। এই স্কুল আমাদের বাড়ী থেকে 14 কিমি. দূরে ছিল আর এই স্কুল সর্বোত্তম, কিন্তু সব থেকে খরচসাপেক্ষ স্কুল হিসেবে পরিচিত ছিল।
আমরা বড় হলে আমাদের হাত খরচের টাকা আমাদের স্কুলের ফীস্ দেওয়ার পক্ষে কম পড়তে লাগল।
এবারও তোমার ফীস্ আসতে দেরী হচ্ছে।
সিস্টার, আমি পরের মাসে ঠিক জমা করিয়ে দেব।
ক্রমশঃ বেড়ে চলা খরচের কারণে অস্থির হয়ে উঠতে থাকা আমাদের পিতাকে এক দিন আমাদের দাদু বললেন ঃ
বাবা! আজ পর্যন্ত আপনি আমার জন্য সকল ফয়সালা করেছেন আর আমি সেগুলো মেনে এসেছি। কিন্তু আমি আপনাকে আমার মেয়েদের ব্যাপারে এই ফয়সালা নিতে দেব না।
প্রকাশ! আমাদের পাড়াতেই এক ফ্রী স্কুল রয়েছে। তুমি নিজের মেয়েদের সেখানে পাঠাচ্ছ না কেন? আরে...ওদের বিয়েতে পণ দেওয়ার জন্য তো আমাদের পরিবারে যথেষ্ট সম্পত্তি রয়েছে।
তাহলে তুমি নিজের খরচ নিজেই সামলাও। আমি তোমাকে কোন আর্থিক সহায়তা করব না।
প্রেম! জীবনে এই প্রথম বার আজ আমি বাবার কথা না মানার সাহস দেখিয়েছি। আমার মেয়েরা অন্য ভাবে বড় হয়ে উঠবে।
যাই হোক না কেন, আমি মেয়েদের পড়ার ব্যাপারে কোন সমঝোতা করব না। আমি চাই যে, আমর মেয়েরা যেন অন্যদের দিতে পারে... তারা যেন অন্যদের থেকে কিছু না নেয়।
এর পরে আমাদের দাদু বীমার কাজ করতে লাগলেন। আমাদের দাদামশাই-দিদিমা আমাদের স্কুলের ফীস্ দিতে লাগলেন। কিছু সময় পরে আমাদের মাতা-পিতা উত্তরাধিকার সূত্রে পারিবারিক সম্পত্তির এক বিরাট বড় অংশ প্রাপ্ত করলেন।

কিরণ দিদির মধ্যে নেতৃত্ব গুণ অনেক আগে থেকেই দেখতে পাওয়া গিয়েছিল। ও অত্যন্ত মেহনতী ছিল... এজন্য ও সর্বদাই শিক্ষকদের প্রিয় হয়ে উঠত।
হে প্রভু! আমাকে এমন ভাবে গড়ে তোল... যাতে আমার মাতা-পিতা আমার জন্য গর্ব করতে পারেন।
কড়া রোদ হোক্ বা তীব্র বৃষ্টি... বাবা রোজ আমাদের সাইকেলে চাপিয়ে স্কুলে নিয়ে যেতেন। আমরা আর বিশেষ করে কিরণ দিদি এটা বুঝতে পারছিলাম যে, আমাদের ভালো সুযোগ প্রদান করার জন্য আমাদের মাতা-পিতা কতটা ত্যাগ স্বীকার করছেন।
আমি কখনো বাবার ঘামের একটা বিন্দুকেও ব্যর্থ হতে দেব না।

স্কুলের পরে টেনিস ক্লাব যাওয়ার জন্য রোজ আমাদের কোন-না-কোন গাড়ীর সন্ধান করতে হত... যেটা 7 কিমি. দূরে ছিল। হয় কোন বন্ধুর থেকে লিফ্ট নিতে হত, নয়তো বাস ধরতে হত। আমরা সব বোনেরা সব ভাবে চেষ্টা করতাম।

আমাদের পক্ষে এক সাথে বেশ কিছু কাজ করার কৌশলও সৃষ্টি করাটা অত্যন্ত জরুরী ছিল। 24 ঘন্টার মধ্যে আমাদের স্কুলেও যেতে হত, ভালো ছাত্রীও হতে হত আর প্রতিযোগিতামূলক টেনিসে দক্ষতা দেখানোও শিখতে হত।

হোমওয়ার্ক শেষ করা হোক্ বা টেনিস কোর্টে নিজেদের পালা আসার জন্য অপেক্ষা করা হোক্।

বা বাড়ী ফেরার পথে বিরক্ত করতে থাকা ছেলেদের মোকাবিলা করা হোক। আমরা অত্যন্ত কম বয়সেই মজবুত আর আত্মনির্ভর হওয়া শিখতে লাগলাম। আমাদের বড় হয়ে ওঠায় বাস্তবে কোন বাধা-নিষেধ ছিল না।

রাতের ভোজন কেবল আমাদের মায়ের দ্বারা বানানো সুস্বাদু ভোজনের স্বাদ উপভোগ করার মাধ্যমই ছিল না...।
আমরা একে-অপরকে সারা দিনের কথা জানাতাম আর মজা ওঠাতাম।
আমরা সবাই বাড়ীর কাজে একে-অপরের সহায়তা করতাম... তা সেটা ঘর মোছা হোক...।
বা বাবার বাইক সাফাই করা হোক্।
পোষণ কেবল ভোজন পর্যন্তই সীমিত ছিল না... কিরণ দিদির মনে আছে যে, আমাদের বাবা কখনো-কখনো লাইট নিভে যাওয়ার পরেও এসে আমাদের জাগিয়ে তুলতেন আর নিজের প্রেরক বিচারধারা আমাদের সাথে ভাগ করে নিতেন। উনি রাতে অনেকক্ষন জেগে বই পড়তেন।
এই সব ছোট-ছোট জিনিষ আমাদের প্রেরণা প্রদান করত।

খুব ছোট বয়স থেকেই কিরণ দিদি এটা বুঝতে পেরে গিয়েছিল যে, যদি কাউকে সহায়তা করতে হয়, তাহলে প্রভাবশালী ব্যক্তিত্ব প্রাপ্ত করাটা অত্যন্ত জরুরী হয়। এক দিন আমাদের বাড়ীতে দুধ দেওয়া মহিলা কাঁদতে-কাঁদতে এল... কারণ ওর স্বামীকে পুলিশ কোন এক অভিযোগে গ্রেপ্তার করে নিয়েছিল।

দাদাবাবু! আমার স্বামী নির্দোষ... আপনি দয়া করে ওকে বাঁচান।

কিরণ দিদি দেখল যে, আমাদের পিতা এরিয়া অফিসারকে ফোন করলেন।

অফিসার! এই লোকটা নির্দোষ। আপনি দয়া করে এটা দেখবেন, ওর সাথে যেন কোন অন্যায় না হয়।

... আর কাজ হয়ে গেল। সন্ধ্যার আগেই সেই মহিলার স্বামী বাড়ী ফিরে এল।

হে ভগবান! আমাকে এমন ভাবে গড়ে তোল, যেন আমি লোকেদের সমস্যায় তাদের সহায়তা করতে পারি।

অন্য যে ঘটনাটা আমাদের প্রভাবিত করেছিল... সেটা ছিল বিবাহ। আমরা যখন বাবাকে প্রশ্ন করলাম যে, চার দিকে এত সব মূল্যবান জিনিষপত্র কেন ছড়িয়ে-ছিটিয়ে রয়েছে – তখন উনি বললেন যে, এসব হচ্ছে পণের জিনিষ... যেগুলো বর আর তার পরিবারের লোকেরা দাবী করেছে।
সব মেয়েদেরই কি বিয়েতে এত সব মূল্যবান জিনিষ দিতে হয় ?
হ্যাঁ। এমনটা সেই সব কন্যাপক্ষ মেনে নিতে বাধ্য হয়... যারা বরপক্ষের দাবী মেনে নেয় আর যেসব পরিবারের মেয়েদের মধ্যে বিরোধ করার সাহস থাকে না।
মা ! আমাকে বাড়ী নিয়ে চলো। এখানে আমার কিছুই ভালো লাগছে না। এখানে খাবার খেতেও আমার ইচ্ছে করছে না।
সেদিন রাতে কিরণ দিদি ঘুমোতে পারল না... ও এমনটা চিন্তা করছিল যে, ওর সাথেও এমনটাই হবে। ও-ও তো এক মেয়ে !
ঘুমিয়ে পড়ো, কিরণ ! চিন্তা কোর না... এমনটা না তোমার সাথে হবে, না তোমার বোনেদের সাথে। তোমরা অন্য ভাবে বড় হয়ে উঠছে। তোমরা লোকেদের দেবে... লোকেদের থেকে নেবে না।

স্কুলের দিনগুলোতেই কিরণ দিদি ঠিক-ভুল বুঝতে শিখে গিয়েছিল। ওর ফয়সালা সঠিকই হত।
কিরণ! তুমি অঙ্কে দুর্বল হওয়ার কারণে আমরা তোমাকে সায়েন্স নয়... হোম সায়েন্স দিতে পারি।
হোম সায়েন্স! কক্ষনো নয়। এমনটা হলে আমি স্কুলই পাল্টে নেব।
মা! আমি স্কুল পাল্টাতে চাই। ওরা আমাকে হোম সায়েন্স দিতে চাইছে... সায়েন্স নয়।
CAMBRIDGE COLLEGE
ঠিক আছে। আমি জানি যে, তোমার ইচ্ছা অত্যন্ত স্পষ্ট।
কিরণ দিদি সর্বদাই স্পষ্ট বিচারধারার ছিল। ও অন্য স্কুলে ভর্তি হল... যেখানে ও সায়েন্সের সাথে হিন্দী নিয়ে ডবল প্রোমোশন পেল আর নিজের থেকে সিনীয়রদের তুলনায় এক বছর আগেই অনেকটা এগিয়ে গেল।

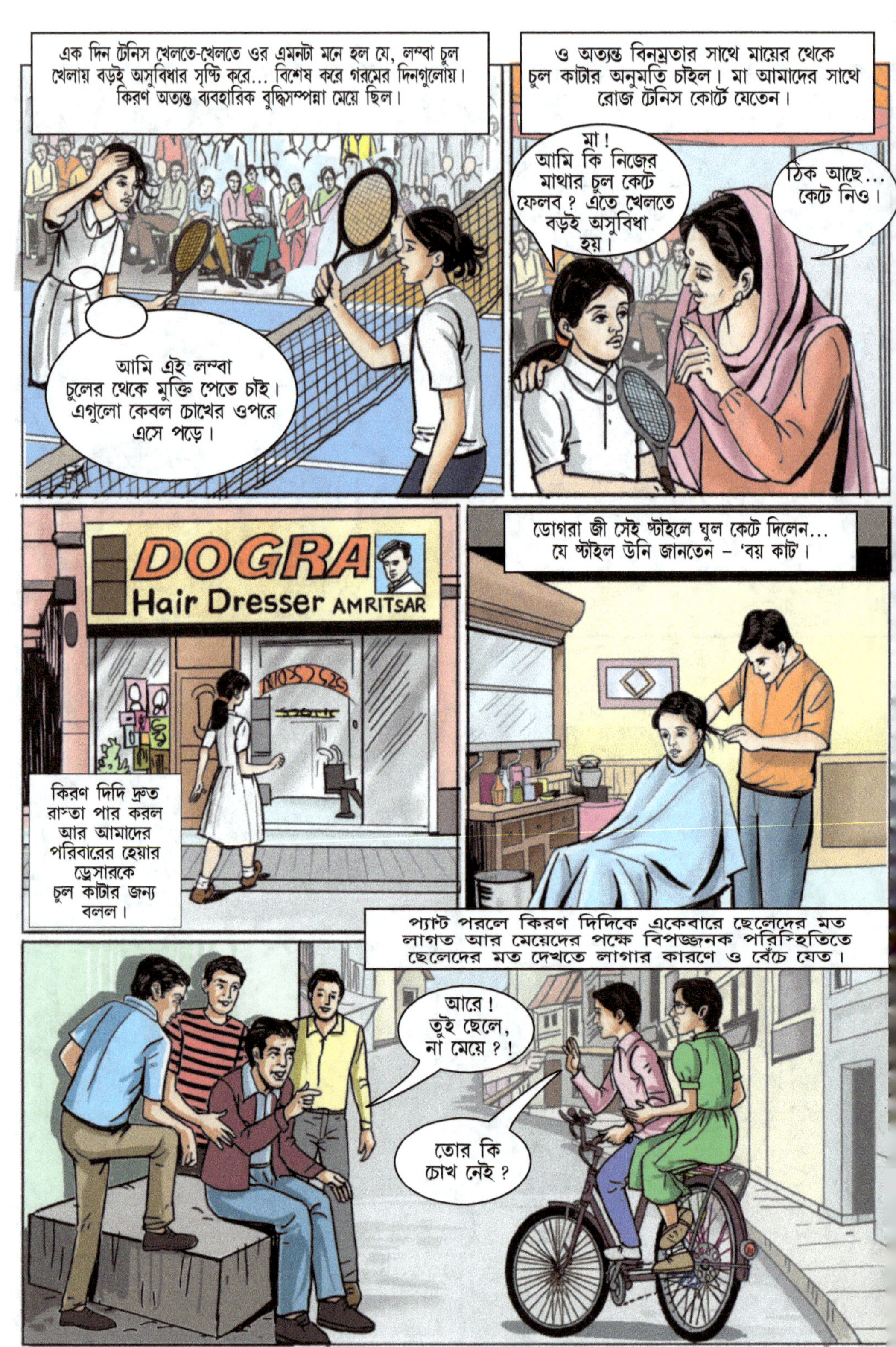

এক দিন টেনিস খেলতে-খেলতে ওর এমনটা মনে হল যে, লম্বা চুল খেলায় বড়ই অসুবিধার সৃষ্টি করে... বিশেষ করে গরমের দিনগুলোয়। কিরণ অত্যন্ত ব্যবহারিক বুদ্ধিসম্পন্না মেয়ে ছিল।

ও অত্যন্ত বিনম্রতার সাথে মায়ের থেকে চুল কাটার অনুমতি চাইল। মা আমাদের সাথে রোজ টেনিস কোর্টে যেতেন।

আমি এই লম্বা চুলের থেকে মুক্তি পেতে চাই। এগুলো কেবল চোখের ওপরে এসে পড়ে।

মা! আমি কি নিজের মাথার চুল কেটে ফেলব? এতে খেলতে বড়ই অসুবিধা হয়।

ঠিক আছে... কেটে নিও।

ডোগরা জী সেই স্টাইলে চুল কেটে দিলেন... যে স্টাইল উনি জানতেন – 'বয় কাট'।

DOGRA
Hair Dresser AMRITSAR

কিরণ দিদি দ্রুত রাস্তা পার করল আর আমাদের পরিবারের হেয়ার ড্রেসারকে চুল কাটার জন্য বলল।

প্যান্ট পরলে কিরণ দিদিকে একেবারে ছেলেদের মত লাগত আর মেয়েদের পক্ষে বিপজ্জনক পরিস্থিতিতে ছেলেদের মত দেখতে লাগার কারণে ও বেঁচে যেত।

আরে! তুই ছেলে, না মেয়ে?!

তোর কি চোখ নেই?

শক্তি আর লিঙ্গ ভেদের কারণে হতে থাকা পক্ষপাতিত্বকে কিরণ দিদি অত্যন্ত ঘৃণা করত। ওর মনে আছে যে, এই কারণে ট্রেন সফরে কনশেসন পাওয়ার জন্য সেক্রেটারী অফিসে অনেকক্ষন অপেক্ষা করতে হত।

পাঞ্জাব স্টেট লন টেনিস এ্যাসোসিয়েশন

এই পক্ষপাতিত্ব এই পর্যন্তই সীমিত ছিল না। টেনিস খেলায় ছেলেদের তুলনায় মেয়েদের অনেক কম স্টাইপেণ্ড দেওয়া হত। কখনো অন্যায় সহ্য না করা কিরণ দিদি এর কড়া বিরোধিতা করল আর শেষে মেয়েদের জন্য সমান স্টাইপেণ্ড আদায় করে তবে ছাড়ল।

কিরণ দিদি কোন মূল্যেই কোন ভেদভাব সহ্য করতে পারত না।

মা! উনি আমাদের অপেক্ষা করিয়ে রাখেন আর সমান স্টাইপেণ্ডও দেন না।

মা! তুমি আমাকে যে পয়সা দিয়েছিলে... তার থেকে আমি এটা বাঁচিয়েছি।

কিরণ! এই সব পরিস্থিতি থেকে শিক্ষা গ্রহণ করো। সর্বদা মনে রাখবে... বড় হয়ে তুমি যেন এমন লোকেদের মত কখনো হোও না। নিজের এক আলাদা ইমেজ বানিও।

আমি জানি। তুমি সর্বদাই এমনটা করো। তুমি না সময় নষ্ট করো, না টাকা-পয়সা।

যেখানে অন্য মেয়েরা নিজেদের সমাজে প্রবেশ করার প্রস্তুতি এবং বিবাহ ইত্যাদির জন্য ব্যস্ত থাকত... সেখানে কিরণ দিদি নিজেকে শ্রেষ্ঠ করে তোলার পৃষ্ঠভূমি তৈরী করছিল... যেটা ও হয়েও দেখিয়েছিল।

কিরণ দিদি 1965 সালের ভারত-পাকিস্তান যুদ্ধে রক্তদান করেছিল আর হাসপাতালে ভলান্টিয়ার হয়ে আহতদের সেবাও করেছিল...।

ডিবেটিং সোসাইটি
আর ডিবেট প্রতিযোগিতাও জিতেছিল... ভাষণ প্রতিযোগিতাও।

ও বিদ্যার্থী পরিষদে প্রতিনিধিও হয়েছিল।

আর এ্যাথলেটিক্সও অংশ নিয়েছিল।
এ্যাথলেটিক্স সোসাইটি

... বেশ কিছু খেলায় মেডেল আর ট্রফি জিতেছিল।

... ও ন্যাশনাল ক্যাডেট কর্প (এন. সি.সি.)-র বেস্ট ক্যাডেট নির্বাচিত হল।

কলেজে ড্রামা ইত্যাদিতেও অংশ নিত...।

... আর কলেজে সর্বোত্তম অল্‌ রাউণ্ডারের ট্রফিও হাসিল করল।

কিরণ দিদি সব জায়গাতেই সফল হত।

A.I. GIRLS' LAWN TENNIS 1967

Miss Kiran Peshawria Wins Singles Title

From Our Correspondent

AMRITSAR, Feb. 4 — Carmichael (Australia) and Elsenbroich (Germany) today entered the singles final of the Punjab Lawn Tennis Championships beating Orlander (Sweden No. 2) and Mabrouk Ali (UAR) 6-3, 6-8, 6-4, 6-3 and 6-4, 6-4, 6-4, 9-7, respectively.

Miss Kiran Peshawria won the singles final of the All-India National Girls' Lawn Tennis Championships beating Miss Shobha Pawar 6-2, 6-3. Incidentally, it was wrongly reported in yesterday's results that Miss Kiran Peshawria had beaten Miss Rita Surayya. Actually, Miss Surayya beat Miss Peshawria 5-7, 6-4, 7-5 in the women's singles semi-finals.

The following are the results:

Men's Singles: Carmichael b Orlander 6-3, 6-8, 6-4, 6-3; Elsenbroich b Mabrouk Ali 6-4, 6-4, 9-7.

Men's Doubles (semi-finals): Balram Singh and G. Misra b Akbari and Namati 6-3, 6-2; Carmichael and Mabrouk Ali versus Vinay Dhawan and Shyam Minotra unfinished with one set all and 5-5 in the third set.

Boys' Juniors (over 14) singles (semi-finals): G. Misra b Om Prakash 6-2, 12-10; Nemati b Narendra Singh ..., 6.

...'s Juniors Doubles (Semi-finals): Narendra Singh and Misra b Mukherji and Nemati 6-3, 3-6, 6-3; Ranade and S. Menon b Om Prakash and Vijay Dhawan 6-3, 6-0.

Boys' Juniors (under 14) semi-finals: B. K. Goswami b Jasbir Singh 6-3, 6-0; Pawan Bhatia b Kishen Verma.

Girls' Singles (Final): Miss Kiran Peshawria b Miss Shobha Pawar 6-2, 6-3.

Mixed Doubles (Semi-finals): Miss Kiran Peshawria and Balram Singh b Mrs. P. Gupta and Elsenbroich 6-2, 6-3.

Punjab girls retain Varsity Tennis title

BANGALORE, December 16.

PLAYING scintillating Tennis Kiran Peshwaria, skipper of Punjab, helped her team retain the title which they won last year at Waltair by claiming the last reverse singles against Udaya Kumar after her sister Rita Peshwaria had made short work of Jayanthi in the first singles in the All-India Inter-University Tennis Tournament final for women at the Mahila Seva Samaj courts this morning. Punjab won 3-2.

(16) THE SUNDAY TRIBUNE, DECEMBER 14, 1969

Kiran Peshawaria Whips Yugoslav Girl To Win Title

NEW DELHI, Dec. 13 (UNI, PTI)—Top-seeded Kiran Peshawaria, of Punjab, won the women's singles title in the Delhi State Lawn Tennis Championships when she whipped Irena Skaja, of Yugoslavia, 7-1 6-4 here today.

KIRAN PESHAWARIA

ন্যাশনাল জুনিয়ের কোচিং ক্যাম্প, পুনে

আমরা সব বোনেরা যেহেতু সর্বদা সাদা হাফ প্যান্ট আর সাদা বুশ শার্ট পরে টেনিস ম্যাচে অংশ নিতাম... এজন্য আমাদের মজা করে 'পাঞ্জাব ব্রাদার্স' বলে ডাকা হত।
'পাঞ্জাব ব্রাদার্স' গোটা রাজ্যের জন্য গর্ব আর আনন্দের কারণ হয়ে উঠেছিল।
বিশেষ করে যখন অল্ ইণ্ডিয়া ইন্টার ইউনিভার্সিটি চ্যাম্পিয়নশিপের ট্রফি আমাদের রাজ্যে এল – লাগাতার তিন বার বিজয়ের পরে – প্রথম বার বিশাখাপত্তনমে, 1968 সালে... তারপর বাঙ্গালোরে, 1969 সালে আর তৃতীয় বার জবলপুরে, 1970 সালে।
শাবাস 'পাঞ্জাব ব্রাদার্স'!

আকাশবাণী! মুখ্য খেলার খবর হচ্ছে এই যে, পাঞ্জাব ইউনিভার্সিটি এই বছরও টেনিস খেতাব নিজেদের কাছেই ধরে রেখেছে। পেশোয়ারিয়া বোনেরা কর্নাটক ইউনিভার্সিটিকে এর রোমাঞ্চক ম্যাচে পরাজিত করেছে।
সেই সময় একমাত্র রেডিয়োই তাৎক্ষণিক খবর প্রাপ্ত করার একমাত্র সাধন ছিল। তারপর খবরের কাগজ আর ধীর গতির ডাক ব্যবস্থার নম্বর আসত।
যথেষ্ট কম বয়সে এই সব চ্যাম্পিয়ন ট্রফি জেতায় কিরণ দিদি এক বিখ্যাত স্পোর্টস পার্সোনালিটি হয়ে উঠেছিল।
ও নিজের প্রথম অটোগ্রাফ এক যুবতীকে দিয়ে লিখেছিল ঃ 'নিজের জীবনে অসাধারণ হয়ে ওঠো।'
ও এটা কি করে জানবে যে, ও লাগাতার নিজের এই বিচারধারাকে আগামী বছরগুলোয় চরিতার্থ করে চলবে... যখন মোকাবিলা আরও জীবন্ত হয়ে উঠবে।
নিজের জীবনে অসাধারণ হয়ে ওঠো
– কিরণ পেশোয়ারিয়া
Be Extra Ordinary in your life
Kiran Peshawaria

ম্যাচের জন্য আপনাকে যখন নিজের ক্লাস মিস করতে হয়... তখন আপনি নিজের কোর্স কি করে পুরো করেন ?
আমি সফরে নিজের বই-খাতা সঙ্গে নিয়ে যাই আর সন্ধ্যায় ম্যাচের পরে পড়াশোনা করি। এই ভাবে আমি পরীক্ষার জন্য নিজেকে প্রস্তুত করি।
আপনি কি পেশাদারী রূপে টেনিস খেলবেন ?
টেনিস হচ্ছে এক পারিবারিক খেলা... যাতে অল্ রাউণ্ডার হওয়াটা জরুরী হয়। এমনিতে আমি প্রশাসনে যেতে চাই।
কিরণ ! একা-একা সফর করতে তোমার ভয় করে না ?
না, আন্টী ! আমার পালন-পোষণ আমাকে বাহাদুর করে তুলেছে।
আপনি দুনিয়ায় কার সব থেকে বড় ফ্যান ?
মার্টিন লুথার কিং এবং ইন্দিরা গান্ধীর।
অবসর সময়ে আপনি কি করেন ?
নিজের বোনেদের সাথে সাইকেলে চেপে ঘুরে বেড়াই আর নিজের ফেভারিট চাটওয়ালার দোকানে ফুচকা খাই।
জীবনে আপনার আদর্শ বাক্য কি ?
নিজের মাতা-পিতাকে গৌরবান্বিত অনুভব করানো।

কলেজ থেকে স্নাতক ডিগ্রী প্রাপ্ত করার পরে কিরণ দিদি পরবর্তী প্রোগ্রাম বানাল ঃ

মা! আমি পোলিটিকাল সায়েন্সে এম.এ. করতে চাই। তার জন্য আমাকে চণ্ডীগড়ে যেতে হবে আর ভাইস চ্যান্সেলর শ্রী সূরজ ভানের সাথে দেখা করতে হবে এটা দেখার জন্য যে, উনি আমাকে স্কলারশিপ দেবেন কি না?

যাও আর জিতে ফিরে এসো।

পাঞ্জাব ইউনিভার্সিটি আপনাকে পড়াশোনা আর খেলাধুলোয় স্কলারশিপ দিতে পেরে নিজেকে গৌরবান্বিত অনুভব করবে। আমাদের এমনটা প্রথম বার করতে হবে... কারণ আজ পর্যন্ত আমাদের কোন বিদ্যার্থী এই দুটি ক্ষেত্রে প্রথম স্থান প্রাপ্ত করতে পারেনি।

ওখানে এ্যাডমিশন নেওয়ার পরে কিরণ দিদি 'ফ্লাইং শিখ' মিলখা সিং আর ওনার পত্নী নির্মল কৌরের সাথে পরিচিত হল। সেই সময় মিলখা সিং ইউনিভার্সিটিতে ডায়রেক্টর অফ্ স্পোর্টস্ ছিলেন।

আমরা দুজন তোমার জন্য গর্বিত। এই হচ্ছে স্পোর্টসের জিনিষ রাখার কামরা। তুমি যত খুশী টেনিস র‍্যাকেট আর বল নিয়ে যেতে পারো। পাঞ্জাব ইউনিভার্সিটি স্পোর্টস্ ডায়রেক্টর হিসেবে আমি এটা সুনিশ্চিত করব যে, প্র্যাক্টিশ করার জন্য তোমার কাছে যেন খেলাধুলোর কোন জিনিষের অভাব না থাকে।

ইউনিভার্সিটিতে কিরণ দিদি নিজের কাজ ভালোমতনই করত। সর্বদা কিছু-না-কিছু শিখতে তৎপর কিরণ প্রতিটি সুযোগের কেবল ভরপুর লাভই ওঠায়নি... বরং ও নিজেও বেশ কিছু সুযোগ সৃষ্টি করেছিল। ওর প্রতিটি দিন নিজের প্রিয় দোকান থেকে দুধ আর কলার প্রাতঃরাশ খেয়ে শুরু হত...।

এই প্রথম বার কিরণ দিদি নিজের বাড়ী থেকে দূরে এক হোস্টেলে থাকছিল। সেখানে ও এটা শিখল যে, কি ভাবে নিজের সংসাধনগুলোর সমুচিত উপযোগ করা উচিত। ও সেখানে ছুঁচ-সুতো দিয়ে নিজের ছেঁড়া স্কার্ট সেলাই করাও শিখল।

ও কলেজের ফাংশনগুলোতেও খুব মজা করত... ও এমন অনুষ্ঠানগুলো খুব পছন্দ করত।

যাতে ঘুম না আসে... সেজন্য ও বাইরে বেরিয়ে পড়ত...।

এ্যাথলেটিক ইভেন্টেও অংশ নিত।

কিরণ দিদি দিল্লীতে অনুষ্ঠিত কমনওয়েলথ এক্সচেঞ্জ অফ স্টুডেন্টসে পাঞ্জাব ইউনিভার্সিটির প্রতিনিধিত্বও করেছিল।

CAMPUS GIRL BAGS 'DOUBLE' IN DELHI TENNIS

Kiran Peshawaria, a student of this campus won a double crown in the Delhi Hard Court Tennis Championships held recently at the NSCI Courts from October 12—20.

In the Ladies singles, Kiran had no difficulty in putting it past Manju Gupta at 6—3, 6—4. For Kiran it was sweet revenge as she had been beaten earlier by Manju Gupta in the National Championship.

"I had gone to Delhi, determined to win the Championship", says Kiran, a regular and familiar figure on the Campus Tennis Courts. Her short hair muffled by the stiff breeze that blew across the court, a wide grin on her face, Kiran said that she was very happy that she had won.

ও লুনা মোপেড চালানো অমৃতসরের প্রথম মেয়ে ছিল।

এক যুবা শিক্ষিকা হওয়ার কারণে ও পুরোন পরম্পরাকে বদলে ফেলল আর বিদ্যার্থীদের নিজেদের টীচার হয়ে ওঠার জন্য প্রেরিত করে তুলল...। এতে তাদের আত্মবিশ্বাসও বেড়ে উঠল।

ওর প্রচুর ফ্যান হয়ে পড়ল... ওর সাথীদের ওর উৎসাহ ভালো লাগত আর ওর বিদ্যার্থীরা তো ওকে নিজেদের রোল-মডেল (আদর্শ) মানতে লেগেছিল। ও এক অল রাউণ্ডার ছিল... যে নিজের সিভিল সার্ভিসেস পরীক্ষার প্রস্তুতি নিচ্ছিল আর কলেজেও পড়াচ্ছিল। তবুও ও টুর্নামেন্টে অংশ নেওয়া কখনো বাদ দেয়নি।

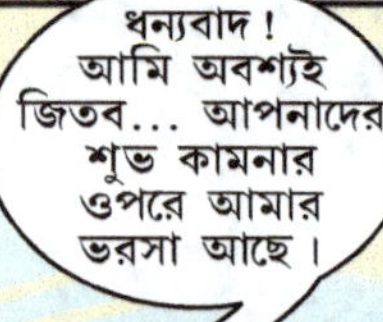

ম্যাম্‌ ! আপনি সব কিছু এক সাথে কি করে করে নেন ?
আমার প্রকৃতিই এমন। আমি এমনই এক পরিবেশে বড় হয়েছি... যেখানে এক সাথে অনেক কাজ করা হত।
ম্যাম্‌ ! আমরা সব সময় আপনাকে প্যান্ট পরেই দেখেছি। আপনি কি কখনো শাড়ী পরেছেন ?
আমি বেশীর ভাগ সময় বাইরে থাকি বা খেলতে থাকি অথবা সাইকেল চালাই। এমন সক্রিয় জীবনে প্যান্ট পরলে বেশী সুবিধা হয়। এজন্য আমি কখনো শাড়ী পরিনি।
বিদেশ যাওয়ার সুযোগ পেলে আপনি কি যেতে চাইবেন ?
ঘোরাফেরার জন্য অবশ্যই যেতে চাইব... কিন্তু থাকার জন্য নয়। আমি নিজের দেশের সেবা করতে চাই।
আমরা এমনটা শুনেছি যে, আপনি সিভিল সার্ভিস পরীক্ষার প্রস্তুতি নিচ্ছেন। আপনি কোন্‌ সেবায় যেতে চান ?
আমার প্রথম পছন্দ হচ্ছে আই.পি.এস.। কারণ এই সেবা তৎক্ষনাত ন্যায় প্রদান করে।
আপনার আদর্শ পুরুষ কে ?
তিনি... যিনি এমনটা মনে করেন যে, বিবাহ এক বরাবরের সম্পর্ক।
আপনার কাছে টাকা-পয়সার গুরুত্ব কতটা ?
ততটাই... যাতে সেটা আবশ্যকতা পূরণ করে। অতিরিক্ত টাকা-পয়সা সর্বদা অন্যদের সাথে ভাগ করে নেওয়া উচিত।

১৯৭২ সালটা কিরণ দিদির জন্য অত্যন্ত গুরুত্বপূর্ণ বছর ছিল। বছরের শুরুতে, ফেব্রুয়ারী মাসে ও এশিয়ান টেনিস চ্যাম্পিয়নশিপ জিতে নিল... তারপর মার্চে ওর বিবাহ হয় আর জুলাই মাসে আই.পি.এস. লিস্টে চলে আসে।

পুণার চ্যাম্পিয়নশিপে যাওয়ার সময় আমাদের পিতা কিরণ দিদিকে একটা কাগজে কিছু কোচিং টিপস্ লিখে দিয়েছিলেন।

কিরণ! এটা তুমি নিজের পকেটে রেখো। তুমি যখনই এটাকে স্পর্শ করবে... তোমার আমার পথ প্রদর্শনের কথা মনে পড়ে যাবে। যাও আর জয়লাভ করে ফিরে এসো। আমার আশীর্বাদ সর্বদা তোমার সাথে রয়েছে।

1. FIGHT — FIGHT — FIGHT
2. Determination — Presence of Mind —
    Positive Attitude — A
3. THAT LITTLE EXTRA
    — BEND —
4. Concentration — Anticipation — Early
    Running — Early Swing — Early Position
5. Energy Like A Million Batteries
6. yet Cool — Cool and Thoughtful
7. TAKE YOUR TIME — FOLLOW THROUGH
8. BEND — BEND — BEND
9. Relaxed Limbs
10. Stroke High For GOOD LENGTH
11. ALWAYS KEEP OPPONENT OUT
    SIDE THE BASELINE
12. PASS VERY CALMLY DOWN THE LINE
    OR LOB WELL
13. SERVE — THROW — SWING WELL —
    BODY WEIGHT — OVER THE SERVICE LINE

ALWAYS BRING A PROPER SWING — FOLLOW THROUGH
RALLY — RALLY — RALLY HIGH
    AVOID THE NET — AVOID GERK
GET NEAR AND UNDER THE
BALL — BEND — BEND — BENT
KEEP IN MIND THE COOL
AND STROKING PICTURE
OF KRISH IN MIND —
PLAY ALL COURT GAME
REMEMBER YOU YOURSELF
HAVE PLAYED AND WON GREAT
FINALS WHICH HAVE BEEN
ACKNOWLEGED NEAR WORLDCLSS
GOOD LUCK AND
MY BLESSINGS ARE WITH YOU

Kiran Peshawaria Is Asia Women's Tennis Champion

POONA, February 12 (UNI, PTI)—Top-seeded Kiran Peshaw emerged as the women's champion in the Asian Tennis Tournament feating the No. 2 seed Susan Das 6-2, 6-0 here today.

Susan was unable to find her touch against the brilliant all-court game of Kiran.

Kiran began in right earnest. After keeping her service, she broke through in the very second game to lead 2-0. She again had another break-through in the eighth game and won easily at 6-2.

In the second set, she broke through in the second game and after that Susan hardly put up any fight. She failed to keep even one service. It was only in the first set that Susan tried to battle it out. Kiran, more experienced and playing well-controlled strokes made Susan run from end to end. Susan also missed some simple placements and on most occasions she was hitting the ball directly to Kiran instead of varying the direction.

The Amrithraj brothers, Anand and Vijay, established themselves as the nation's top pair today by beating the top-seeded Davis Cup pair of Premjit Lall and Jaideep Mukharjea in a thrilling four-setter in an hour and a half.

Anand and Vijay had beaten Lall and Jaideep earlier as well as Lall and Krishnan. They could have won in straight games today but for some loose and indecisive strokes by Anand, who was brilliant and erratic in patches.

Vijay and Anand, having broken through the initial services of both Lall and Mukherjea in the first set, were leading 3-0. They became over-confident and that was responsible for the set going over the tie-breaker. Vijay Amrithraj also being well set for a double as he should be able to repeat his recent success over Jaideep in future in the singles final.

Kiran Peshawaria is another player with a good chance for a double. She is in the mixed doubles final and may cinch the title.

Rekha Dube and Uday Kumar took the women's doubles title defeating Susan Das and Snehia Pawar in three sets. This was a rather poor match in which also the steadiness of Rekha and Uday won the day. Uday was best of the four players, and played some good ground strokes.

KIRAN PESHAWARIA

প্রেম করার সময়ও কিরণ দিদির প্রাপ্ত হল... টেনিসই কিরণ দিদিকে নিজের ভাবী পতির সাথে মিলিত হওয়ার মাধ্যম হয়ে উঠেছিল। উনি ছিলেন সেই ব্যক্তি, যিনি কিরণ দিদির হৃদয় জিতে নিয়েছিলেন। উনিও এক টেনিস প্লেয়ার ছিলেন... এ.সি. সার্ভিস ক্লাবের সদস্য।

কিরণ দিদি আর ব্রীজ 1972 সালের মার্চ মাসে বিবাহ বন্ধনে আবদ্ধ হয়ে পড়েন। ওনাদের বিবাহ এক মন্দিরে হয়েছিল... যাতে দু পক্ষের লোকেরা আশীর্বাদ দেন। পণের আদান-প্রদান একেবারেই করা হয়নি। বন্ধু-বান্ধব আর আত্মীয়-স্বজনদের জন্য এক সংযুক্ত রিসেপশনের আয়োজন করা হয়... যেটার খরচ কিরণ দিদি আর ব্রীজ ভাগ করে নেন।

আপনারা কি এটা জানেন যে, দেখা-সাক্ষাৎ করার সময় কিরণ দিদি কবিতা লিখতে লেগেছিলেন ?

1972 সালের জুলাই মাসে কিরণ দিদি ইতিহাস রচনা করে দেন। উনি ইণ্ডিয়ান পুলিশ সার্ভিসের অফিসার হয়ে ওঠেন আর উনি এমনটা হওয়া প্রথম ভারতীয় মহিলা ছিলেন।
কিরণ দিদি আর ওনার সাথীদের অল ইণ্ডিয়া সিভিল সার্ভিসেস ফাউণ্ডেশন কোর্সের ট্রেণিং দেওয়া হল। এ্যাকাডেমীতে আসার এক মাসের মধ্যে কিরণ দিদিকে তৎকালীন কেন্দ্রীয় গৃহমন্ত্রীর সাথে দেখা করার জন্য ডেকে পাঠানো হল।
কিরণ! তোমাকে দিল্লী ডেকে পাঠানো হয়েছে। সেখানে তোমাকে কেন্দ্রীয় গৃহমন্ত্রীর সাথে দেখা করতে হবে।
আচ্ছা!
কিরণ দিদি এই ব্যাপারে এ্যাকাডেমীর নিজের সাথীদের জানালেন।
নিজের মন পাল্টে ফেলো না। আমরা তোমাকে প্রথম মহিলা আই.পি.এস. অফিসারের রূপে দেখতে চাই।
তোমরা কি ভাবছ, আমি এমনটা করব? কক্ষনো নয়!
কিরণ! আপনি এটা জানেন যে, আই.পি.এস.-তে আমরা কখনো কোন মহিলাকে দেখিনি... কারণ এই কাজটা অত্যন্ত চ্যালেঞ্জিং। আপনি কি এই ব্যাপারে আবার এক বার ভেবে দেখতে চাইবেন?
না, স্যার! আমি কেবল ইণ্ডিয়ান পুলিশ সার্ভিস-ই চাই আর সেটার জন্য আমার রুচি অত্যন্ত স্পষ্ট এবং অটল!
K. C. PANT

এটা হচ্ছে ন্যাশনাল পুলিশ এ্যাকাডেমী, মাউট আবু, রাজস্হানে ট্রেণী হিসেবে কিরণের প্রথম ফোটো।
ও যেহেতু প্রথম মহিলা পুলিশ অফিসার ছিল... তাই মীডিয়া ওর ইটারভিউ নিল।
আপনি ইঙ্গিয়ান পুলিশ সার্ভিসই কেন জয়েন করতে চান... যখন কি আপনার কাছে অন্যান্য বিকল্পও রয়েছে!
আমার কাছে পুলিশে কাজ করার অর্থ হচ্ছে সেই শক্তি প্রাপ্ত করা... যেটা ভুলকে তৎক্ষনাত ঠিক করতে পারবে, তৎক্ষনাত সংশোধন করতে পারবে আর তৎক্ষনাত ন্যায় প্রদান করতে পারবে। এটাই হচ্ছে আমার মিশন।
আপনি প্রথম মহিলা অফিসার হওয়ায় আপনার জন্য নতুন ইউনিফর্ম বানানো হচ্ছে।
আমার পুরুষদের ইউনিফর্ম পরতে একটুও আপত্তি নেই। এমনিতেও আমি বেশীর ভাগ ট্র্যাক স্যুট আর এন.সি.সি. ইউনিফর্মই পরি।
আপনার থাকার কোয়াটার্স কোথায় হবে?
টেনিস খেলার সময় আমি যেমন ডমিটরীতে থাকতাম... তেমনই এখানেও আমি নিজের সিনীয়রদের সাথে ব্যারাকে এক সাথে থাকব।
আপনার জন্য আউটডোর ট্রেণিং-য়ের নতুন প্রোগ্রাম ডিজাইন করা হচ্ছে।
কিন্তু কেন? এমন ট্রেণিং তো আমি ফিট থাকার জন্য সব সময়েই করে এসেছি। তা টেনিস প্রতিযোগিতায় অংশ নেওয়া হোক...!

... বা রাইফেল ট্রেনিং হোক্।
... বা টার্গেট প্র্যাক্টিশ!
... মাউন্টেড ফোর্সের নেতৃত্ব দেওয়া হোক্...!
... বা ঘোড়সওয়ারী শেখা হোক্।
কিরণ দিদি নিজের পতি ব্রীজের সাথে এ্যাকাডেমীতে...!

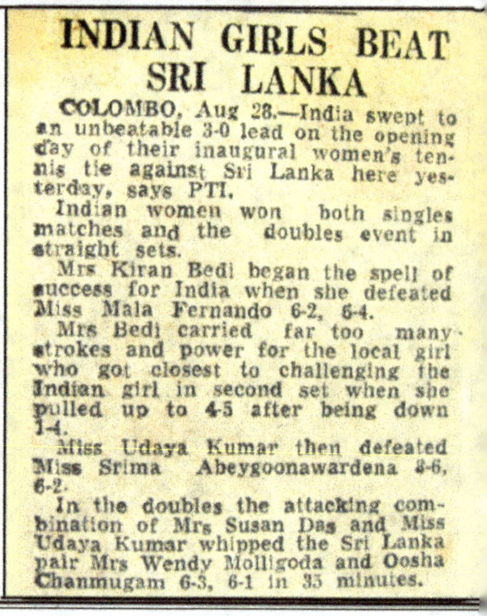

INDIAN GIRLS BEAT SRI LANKA

COLOMBO, Aug 28.—India swept to an unbeatable 3-0 lead on the opening day of their inaugural women's tennis tie against Sri Lanka here yesterday, says PTI.

Indian women won both singles matches and the doubles event in straight sets.

Mrs Kiran Bedi began the spell of success for India when she defeated Miss Mala Fernando 6-2, 6-4.

Mrs Bedi carried far too many strokes and power for the local girl who got closest to challenging the Indian girl in second set when she pulled up to 4-5 after being down 1-4.

Miss Udaya Kumar then defeated Miss Srima Abeygoonawardena 3-6, 6-2.

In the doubles the attacking combination of Mrs Susan Das and Miss Udaya Kumar whipped the Sri Lanka pair Mrs Wendy Molligoda and Oosha Chanmugam 6-3, 6-1 in 35 minutes.

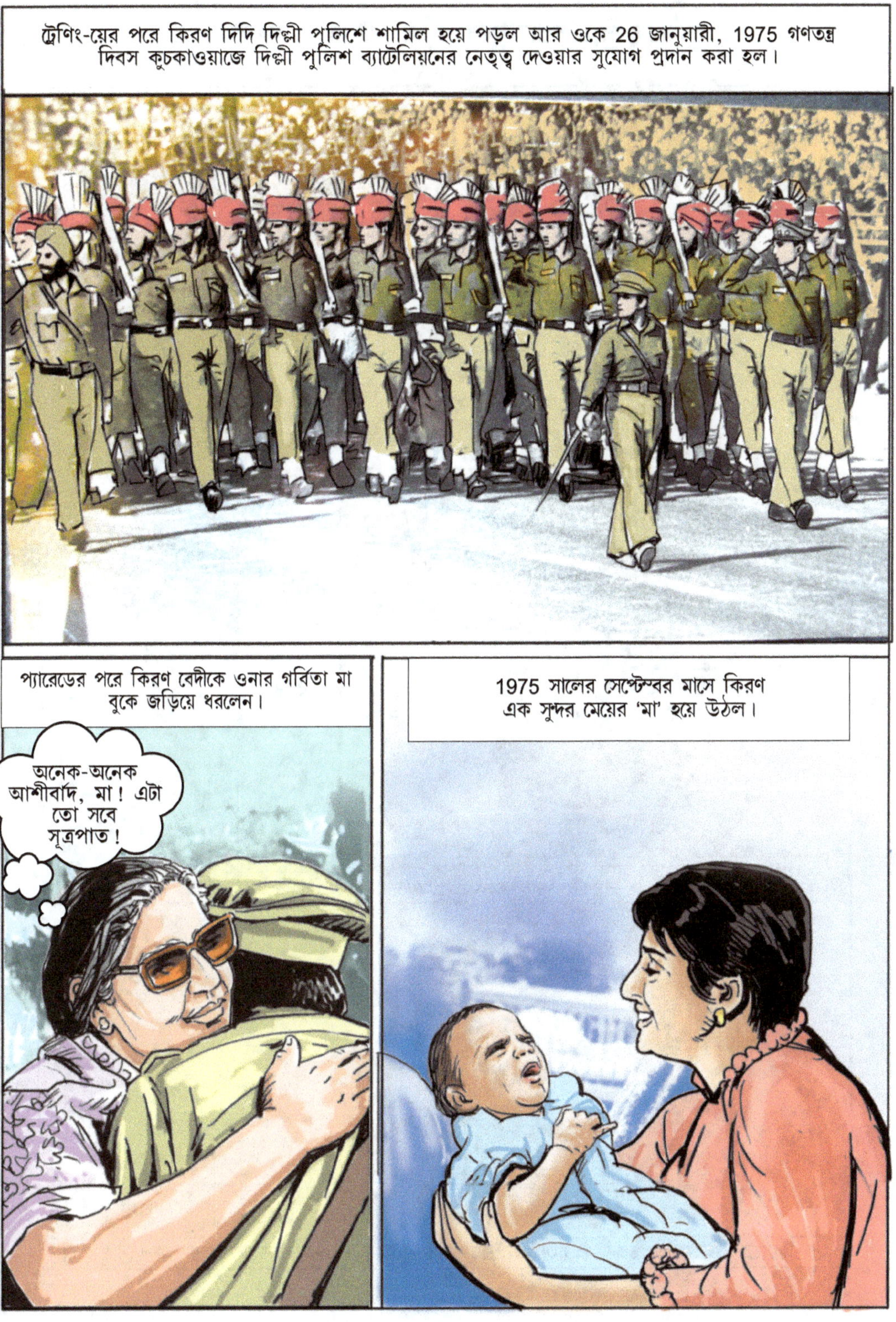

ট্রেণিং-য়ের পরে কিরণ দিদি দিল্লী পুলিশে শামিল হয়ে পড়ল আর ওকে 26 জানুয়ারী, 1975 গণতন্ত্র দিবস কুচকাওয়াজে দিল্লী পুলিশ ব্যাটেলিয়নের নেতৃত্ব দেওয়ার সুযোগ প্রদান করা হল।

প্যারেডের পরে কিরণ বেদীকে ওনার গর্বিতা মা বুকে জড়িয়ে ধরলেন।

1975 সালের সেপ্টেম্বর মাসে কিরণ এক সুন্দর মেয়ের 'মা' হয়ে উঠল।

সিরিজের পরবর্তী সংখ্যায়

কিরণ বেদী ঃ সুপার কপের রূপে কাটানো বছরগুলো

1979 সালে উনি ইণ্ডিয়া গেটে সফলতাপূর্বক দাঙ্গা নিয়ন্ত্রণ করার জন্য 'রাষ্ট্রপতি বীরতা পদক' প্রাপ্ত করেন।

1982 সালে নবম এশিয়ান গেমস চলার সময় যাতায়াত নিয়ন্ত্রিত করছেন দিল্লী ট্রাফিক পুলিশ নিরীক্ষকের পদে কার্যরত কিরণ বেদী।

1994 সালে মনীলায় র‍্যামন ম্যাগসেসে পুরস্কার প্রাপ্ত করছেন... যেটা এশিয়ার নোবেল পুরস্কারের সম মর্যাদার।

ইসপেক্টর জেনারেল – তিহাড় জেল

2003 - 2005 সালে 'শান্তি অভিযান'-য়ের সময় ইউনাইটেড নেশস (নিউ ইয়র্ক) সেক্রেটারী জেনারেল পুলিশ পরামর্শদাতার রূপে।